Sgrag
y sgolor

Carys Lake

Darluniau gan

Rhys Aneurin

ac

Aled Lewis Roberts

caa

PRIFYSGOL
ABERYSTWYTH

"Dydd Sadwrn. Hwrê!" meddai Tomi.

Dw i'n hoffi dydd Sadwrn hefyd achos mae Tomi a fi yn mynd am dro bob dydd Sadwrn.

"Edrycha ar y map, Sgragan. I ble rydyn ni'n mynd heddiw?"

Rhoddais fy mhawen ar y map, cau fy llygaid a dweud,

"Sgragsadabra, sgragsadabra!"

Yna, agorais fy llygaid ac edrychais ar y map.

"Rydyn ni'n mynd i Aberystwyth," meddai Tomi.

Ac i ffwrdd â ni.

"Dw i'n gwybod pam mai Aberystwyth ydy
enw'r dref," dywedais wrth Tomi.

"O! Pam?" gofynnodd Tomi.

"Achos mae'n rhaid i bobl fod yn ystwyth iawn
i gerdded i fyny'r rhiw fawr yma bob dydd."

Dechreuodd Tomi chwerthin. "Naci siŵr, y
pen dafad!"

Doeddwn i ddim yn deall pam roedd Tomi yn
fy ngalw i'n 'ben dafad'. Cath ydw i, nid dafad.

"Mae Afon Ystwyth yn mynd i'r môr yn fan hyn. Dyna ystyr yr enw 'Aberystwyth'," meddai Tomi.

Yn sydyn, gwelais adeilad mawr gwyn ar y bryn.

"Beth ydy'r adeilad yna?" gofynnais i Tomi.

Ar ôl dod allan o'r car darllenais yr arwydd mawr – Llyfrgell Genedlaethol Cymru.

"Sgragsabia, Tomi! Dyma olygfa wych."

Roeddwn i'n gallu gweld Aberystwyth i gyd.

"Tyrd, fe awn ni i mewn i'r llyfrgell," meddai Tomi.

Roedd grisiau mawr yn mynd i fyny at
y drws mawr trwm. Roedd yr adeilad
yn hardd iawn ac roedd y nenfwd yn
uchel, uchel. Roedd o'n lle mawr i gath
fach fel fi.

Dilynais i Tomi ar hyd y coridorau
ac i mewn i ystafell yn llawn llyfrau.
Dywedodd Tomi fod miloedd o lyfrau
yn y Llyfrgell Genedlaethol.

Aeth Tomi a fi i mewn i ystafell arall.
Yn yr ystafell yma roedd ffenestri
gwydr a goleuadau.

"Dim ond pedwar llyfr sydd yma,"
dywedais wrth Tomi. "Pam maen nhw
y tu ôl i ffenest?"

"Mae'r llyfrau yma yn bwysig iawn,
iawn," meddai Tomi. "Llawysgrifau
ydyn nhw."

"Ond maen nhw'n fach ac yn edrych yn
fudr," dywedais.

"Maen nhw'n hen iawn. Mynachod oedd
yn ysgrifennu'r llawysgrifau yma fel arfer.
Weithiau roedden nhw'n ysgrifennu ar bapur
ac weithiau ar femrwn. Maen nhw'n bwysig
achos bod hen hanes Cymru ynddyn nhw."

"Dw i'n gallu memrwn," dywedais wrth Tomi.

"Naci! 'Mewian' wyt ti! Math o bapur ydy
memrwn," meddai Tomi.

Roedd Tomi wrth ei fodd yn edrych ar y
llyfrau.

"Edrycha, Sgragan," meddai Tomi. "Dyma Lyfr Du
Caerfyrddin, Llyfr Aneirin, Llyfr Taliesin a Llyfr
Coch Hergest."

"Oes storïau ynddyn nhw?" gofynnais.

"Oes," atebodd Tomi. "Chwedl ydy enw arall am
stori. Mae chwedl Arthur, y Mabinogi, a chwedl
Myrddin i gyd yn y llyfrau yma."

Dywedodd Tomi fod llawer o farddoniaeth yn
y llyfrau hefyd. Dywedodd fod hanes brwydr
fawr yn Llyfr Aneirin. Roedd y milwyr i gyd wedi
marw ar ôl yfed diod am flwyddyn.

"Ysgrifennodd y bardd Aneirin farddoniaeth
i gofio'r milwyr gafodd eu lladd," meddai
Tomi. "Rhaid i ti ddysgu rhai llinellau,
Sgragan. Dyma dwy linell i ti:

Gwŷr a aeth Gatraeth oedd ffraeth eu llu,

Glasfedd eu hancwyn a gwenwyn fu."

"Ond dydy hwnna ddim yn swnio fel
    Cymraeg," dywedais.

"Nac ydy, siŵr. Hen Gymraeg ydy o.
    Mae'n bwysig dysgu am hanes Cymru
    a hanes y Gymraeg. Ac mae'n bwysig
    siarad Cymraeg o hyd, wrth gwrs."

"Ydy'r llyfrau yma yn y Llyfrgell Genedlaethol drwy'r amser?" gofynnais.

"Nac ydyn," atebodd Tomi. "Mae Llyfr Coch Hergest yn mynd yn ôl i lyfrgell yn Rhydychen yn Lloegr wedyn."

"Dyna lwcus ydyn ni, Tomi, ein bod ni wedi cael gweld y llyfrau," dywedais.

"Ia, wir. Tyrd, awn ni i gael paned a
chacen gri cyn mynd i lawr i'r dre,"
meddai Tomi. "Dw i'n sychedig iawn.
Mae fy ngheg i'n sych fel cesail cath!"

Ar ôl i mi lowcio'r llefrith ac i Tomi
yfed ei de i gyd, fe aethon ni i lawr i
dref Aberystwyth.

"Tyrd i weld y castell, Sgragan," meddai Tomi.

Roedd hi'n wyntog iawn erbyn hyn. Roedd y môr yn arw a'r tonnau yn chwipio yn erbyn wal y prom. Roedd y gwylanod i gyd yn swatio efo'i gilydd wrth y pier.

Yn ymyl y castell, roedd adeilad
mawr arall.

"Mae llawer o adeiladau mawr yn
Aberystwyth," dywedais wrth Tomi.

"Oes, mae prifysgol yn Aberystwyth
hefyd," meddai Tomi. "Edrycha,
dyma adeilad yr hen goleg."

"Hoffwn i fynd i brifysgol i ddysgu,"
dywedais wrth Tomi.

"Wel, beth am i ti ddechrau dysgu rŵan!"
meddai Tomi. "Wyt ti'n gallu datrys y
pos yma:

Hen ddyn, hen ddyn, â dwy got fawr,
A naw coeden ym mhob cot fawr,
A naw cath wen ym mhob coeden,
A naw cath fach gan bob cath wen.

Sawl coeden sydd yna, Sgragan?
Faint o gathod gwyn a faint o
gathod bach sydd yna?"

Rhwbiais fy nhrwyn efo fy mhawen.
Pan dw i'n gweld problem, dw i'n
gwneud yr ystum yna. 'Sgragstum'
rydyn ni'n galw hynny.

Chwarddodd Tomi.

"Paid â phoeni, Sgragan, mae digon o
amser i ti ddatrys y pos. Rwyt ti wedi
dysgu llawer heddiw, Sgragan y sgolor!"

"Beth ydy sgolor?" gofynnais mewn
penbleth.

"Rhywun clyfar iawn ydy sgolor," meddai
Tomi.

"Sgragan y sgolor. Dw i'n hoffi fy enw
newydd! Efallai y byddaf i'n dod i
Brifysgol Aberystwyth i astudio rhyw
ddydd."

"Mae hi'n dechrau nosi. Mae'n amser i
ni fynd adre," meddai Tomi.

"Wyt ti'n cofio beth rydyn ni'n ei ddweud
ar ddiwedd taith bob tro, Sgragan?"

"Ydw, wrth gwrs," atebais.

"Barod? Un, dau, tri …," meddai Tomi yn
araf.

"Teg edrych tuag adref," dywedon ni efo'n
gilydd a chwerthin dros y lle.

Ateb i'r pos!

18 coeden

162 o gathod gwyn

1458 o gathod bach